Maria Ertl

Bayerische Umkehr

Titelbild und Karikaturen:

»cis«

Maria Ertl

Bayerische Umkehr

Heitere Wallfahrt in Versen

Titelbild und Karikaturen: »cis«

efv fenchl-Verlag 1983

Einer munteren Wallfahrtsgruppe des
Bayerischen Pilgerbüros Münchens
vom Jahre 1982,
einem fröhlichen Prälaten,
einem lieben Kanonikus und
einer charmanten Reiseleiterin
gewidmet.

Vorwort der Autorin

Dieses Buch basiert auf eigenen Erfahrungen mit Lourdes. Ich bin dorthin schon fünfmal gepilgert und jedes Mal unendlich befreit und glücklich zurückgekehrt.
Viele liebe Menschen habe ich schon animiert, es mir nachzumachen. Wenn Sie wollen, ich bin ein Lourdes-Fan!
Die Personen dieses Buches sind mir natürlich nicht direkt begegnet. Ich habe nur maßlos und phantasiereich übertrieben, wie das bei manchen Autoren üblich ist.
Den einen oder anderen, sehr Frommen, werde ich vielleicht schockieren. Aber ich finde das Leben auf dieser buckligen Welt ist einfach so, und ich nenne die Sünden und Schwächen direkt beim Namen. Ich denke nicht daran das Negative im Menschen zu liberalisieren. Meine Leute sündigen, bereuen und »haben vor, sich zu bessern«. So gehört es sich eben für einen echten bajuwarischen, römischen Katholiken. Trotzdem glaube ich, daß die Überwindung der Sünden oder modern ausgedrückt »Hindernisse« möglich ist. Es erfordert jedoch einen umfassenden Bewußtseinswandel.

Ich möchte darüberhinaus den Ausspruch der Bischöfe der VI. Römisch-katholische Bischofssynode 1983 zitieren: »Die Wurzel der menschlichen Angst ist der Verlust der Erkenntnis für die Bedeutung der Sünde.«
Betrachten Sie aber das Büchlein nicht zu ernst. Ich sehe es als ein lustiges Gemälde, das meine eigene, sehr bayerische, bodenständige, von wenig Mystik behaftete Religiosität widerspiegelt.

Riemerling, im Jahre 1983

Maria Ertl

Dereinst im Mai 'ne bunte Schar,
Sie fliegen weg zum Beten gar.
Die Gottes-Mutter ist ihr Ziel.
Sie schleppen Packen groß und viel.
Ob Sünden, Schwächen, Kreuze breit,
Des Menschen Unzulänglichkeit
Hängt wie ein Schwert scharf über ihm.
Sein Leben ist ein ew'ges Zieh'n.
Geb' Gott, daß nie sein Ziel verpaßt,
Wenn er auch schleppt an mancher Last.
Doch uns're Gruppe wohlbestellt,
Sie fliegt in eine heile Welt.
Die Welt des Glaubens ist auch heiter.
Darum kein Bang', blätt're nur weiter. . .

Schlechtrasiert und voller Groll
Knurrt Hubert-Mathias Moll:
»Ich hab' hier kein Einzelzimmer!
Einen zweiten mag ich nimmer.
Noch womöglich säuft und raucht er.
Schnarchet laut, schmeißt 's G'wand umher.«
»Lieber, guter Pilger Moll,
Nimm' den Mund doch nicht so voll.
Schau', genau die gleichen Fehler
Hast Du! – Bitte sei kein Hehler.
Sieh' den Balk' in Deinen Augen!
Sonst wirst nicht zur Wallfahrt taugen.

DAS
ALTE
TESTAMENT

Nach der ersten Nacht in Lourdes
Rennt die Zenz' zum Pater Hurt.
Sie fuchtelt, winselt, schreit: »O, mei!
Am Nachttisch da liegt d'Schmuserei.
Da turteln d'König und die Knecht;
Ein jeder viele Weiber möcht'«.
Der Pater sagt: »Nimm's g'scheit in d'Händ.
Das ist das Alte Testament.«

Dies, was jetzt kommt, ist nicht vermessen.
Die Geistlichkeit hält was vom Essen.
Der Dank fliegt nicht nur in das All.
Man zeigt's dem Küchenpersonal.
Und in der heut'gen Zeit, nicht wahr,
Gilt Küssen doch als wunderbar.
Zwei haben selbst, wenn auch gescholten,
Die Dankbarkeit so abgegolten.

Da fällt ein ganz besond'rer Kuß.
Das ist der vom Kanonikus.
Er macht das schön mit Hochgenuß.
Bei seiner Köchin gibt's Verdruß.
Verspricht sich z' »Öding« rasch zur
Buß'.

Schon folgt die zweite Missetat,
Begangen von dem Herrn Prälat.
Er drückt an die geweihte Brust
Die Küchenchefin voller Lust.
Die frommen Frauen schreien schnell:
»Hilf 'Himmel! Der braust gleich in
d'Höll!«
Sie wimmern, klagen, suchen Rat.
Doch weit und breit kein Ordinariat.
Die Technik löst's: Ein Telefonat!
Das Domkapitel hüpft Quadrat.
Sie reißen sich o Pein, o Graus,
Die allerletzten Haare aus.
Der Bischof brüllt: »Jetzt aber Schluß!
Was kommen soll, auch kommen muß!«
Ein Machtwort schallt: Streng und pi-
kiert!
Er wird zum Meßner degradiert.

P.S.
Und die Moral von der Geschicht':
»Drück niemals fremde Frauen nicht!«

Wer kommt denn da zur Tür' herein
Recht forsch und schnittig obendrein?
Es ist Kaplan Rolf Hämmerlein.
Doch bald geht er nicht mehr allein.
Es stelzt mit ihm Fräul'n Hinkebein.
Doch hinkt sie nicht, ist hübsch und
klein.
Sehr fesch, sehr zuckrig, lecker, fein.
Die Braven wenden sich mit Graun'.
Sie wagen nicht mehr hinzuschau'n.
Es ist auch besser so ihr Frau'n.
Was soll's! Potz Blitz, und in der Tat!
Es geht nicht's über'n Zölibat.
Wie gut hat es der Hämmerlein!
In Lourdes stapft er mit Hinkebein.
In Fatima mit Fräulein Grein.

Zwei würdige Benediktiner,
Die schleppen mit 'ne Menge Wiener
Und Brot und Bier, sogar in Dosen.
Die Kutte wölbt um Bauch und Hosen.
Die Sonne scheint, der Regen weint.
Die Beiden sind getreu vereint.
Nicht Bruderband hält sie zusammen.
Nein – Bier – Fressalien – Herrgott –
Amen.

Frau Lehrerin aus Herrensaal:
Für sie ist diese Wallfahrt Qual.
Sie stöckelt auf, sie stöckelt ab.
Ihr Ehrgeiz hält sie schwer auf Trapp.
Sie muß doch ihren Kinderlein
Berichten von dem »Heiligsein.«
Doch leider ist die gute Frau
Auch eitel wie ein stolzer Pfau.
Sie trägt nur Pumps und Feinsandalen.
Die Blasen bringen ihr schon Qualen.
Doch diese wack're Lehrerin
Quält sich zum Berg zur Kirche hin.
»Ach lieber Gott, ich opf're Dir
Die Schrunden meiner Füße hier.«
ER bleibt sehr stumm, vielleicht ER lacht.
Vielleicht, »o, Gans« hat ER gedacht.

Wer wandelt da mit Monsignore?
Es ist der Baß vom Kirchenchore,
Vom Chor der Engel von Sankt Veit.
Der Baß brummt zornig, pfaucht: »O, Leut!
Na, endlich kann ich's Ihnen sagen,
Bei uns da gibt es viel zu klagen.
Die Solis klingen nicht mehr munter.
Der Alt geht immer wieder unter.
O, können Sie nicht ›Kehraus‹ machen?
So greifen Sie zu ihren Waffen.
Unser Gesang im Gotteshaus,
Der treibt den Letzten noch hinaus.
Die Kehlen klingen immer rauher.
Das Volk lehnt an der Kirchenmauer.«
Der Monsignore freundlich lacht:
»O, Mann was hast Dir Müh' gemacht.
Ja, ja, es ist nicht einerlei.
Auch mich bedrückt die Krächzerei.
Doch bald wird alles eingerenkt:
Für Euch ein neuer Dirigent!«

Wer kommt den Kreuzweg hochge-
krochen?
Von Runding der Fußballer Jochen.
Er stapft und stammelt heilig Worte
Die ganze Zeit hier schon am Orte.
Er war sehr eilig im Geloben.
Beim Aufstieg lös' ich ein dort oben
Ein fromm' Versprechen an der Bar.
Entsprungen rauschig – sonnenklar
Beim Oberwirt nach Niederlage.
Denn diese brachte ihn in Rage.
Doch hört! – Er betet äußerst »cool«:
»In Zukunft: eins, zwei, drei zu Null.«

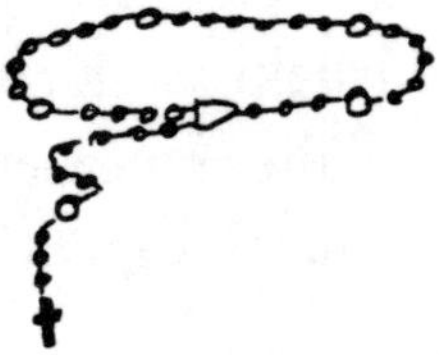

»Ich habe meinen Mann sehr lieb.
Doch dieser lebt nur für d'Equipe.
Ein Reitersmann von Gottes Gnaden.«
Jammert die Ida von Markt Schwaben.
»Zuhause drehe ich die Daumen.
Manchmal vor Wut ich möchte schaumen.
Er reitet flott, er hoppelt munter
Die Straße rauf, den Berg hinunter.
Und schimpf' ich einmal über'n Gaul,
Nennt er mich gleich ein loses Maul.
›Hilf uns,‹ schenk' mir doch Deine Huld.
Denn sonst – sonst reißt mir die Geduld.«

Sehr prüfend schaut Jakobus Thann
Die Häuser und die Kirchen an.
»Ich schätz'«, sagt er zu Lukas Mark;
»Glaub' mir, im Schätzen bin ich stark,
Daß hier an diesen Heil'gen Stätten
Ich würd' sogar den Kopf' verwetten.
Dafür sie können Gott schon loben,
Die Grundstückspreise glatt hier oben
Bei Tausend sind, und ich könnt' weinen.
Was mußt' die Mutter hier erscheinen?
Stell' vor Dir, Lukas, es ist g'wiß,
Ich wär' schon froh, wenn auf der Wies',
Der großen hinter meinem Haus,
Nur käm' der Heil'ge Bruder Klaus.

Der Heiner denkt: »Kein Zeit, kein Rat!
Drum schreitet aus zur schnellen Tat
Er allzugern, ein Hof begehrt.
Jedoch die Erbin ist nichts wert.
Wär's halt nicht gar so kugelrund
Die Mirzl – doch der schöne Grund
Liegt uns'rem Heiner schwer im Magen.
Ganz emsig tut er Bittgang traben.
Er gibt sich hin der Meditation.
Plötzlich der Geist! Die Explosion!
»Jucheh! die Mirzl ist nicht arm!
Ich schick' sie auf die Schönheitsfarm.«

»Wer die Wahl hat, hat die Qual!«
Denkt der greise Spiritual.
»Soll ich jetzt die Andacht beten?
Ach, ich bin schon arg in Nöten.
Es ist staubig, gräßlich heiß.
An dem Hemde klebt der Schweiß.
Lieber Gott, Du wirst versteh'n,
Ich kann keinen Schritt mehr geh'n.
Abseits von der Heil'gen Zone
Ist das Leben auch nicht ohne.
Viele Bistros laden ein.
Herr verzeih', ich kipp'nen Wein.«

Der Ferdl hat ein elend Laster.
Er liebt den Mammon, bayrisch: »Za-
ster«.
Er liebt das liebe, liebe Geld
Weit mehr als alles auf der Welt.
Sein Weib und seiner Kinder Schar,
Die sind nicht glücklich, Gott fürwahr.
Geldgier, dazu der böse Geiz
Sind schlimm und haben keinen Reiz.
Sein Weib hatt's satt.
Sie nahm kein Blatt,
Und fordert klar ein Ultimatum.
Redet nicht um den Brei herum:
»Entweder Du stellst ein Dein Gier.
Sonst sind wir fort so für und für.«
Der Ferdl schwor mit großer Reu',
Und deshalb ist er hier dabei.

Ein Schwall von Damen hapft zur Grotte.
Der Kaffeekranz, nebst Pfarrer's Lotte.
Sie schnappen Luft und japsen, stöhnen.
Sind hier, dem Süßen zu entwöhnen.
Man nennt sie Tortenschwervertilger.
Ob sie es schaffen hier als Pilger,
Dem Schlagrahm, Kuchen zu entsagen?
Welch Mut, sich hier weit weg zu wagen!
Doch nach getanem Bittgebet
Viel Freude in den Herzen steht.
»Na, lieber Gott, so auf ein Wörtchen!
Zuhaus gibt's Torten, hier gibt's Törtchen!«

Am Tanzboden hüpft er als Plattler.
Doch sonst ist er ein echter Grattler.
Ein Fretter faul und ungezogen.
Sein Leben läuft nicht ausgewogen.
Es kriecht dahin so schlampig, pampig,
Launisch und wurstig, manchmal grantig.
Und alles taugt ihm nimmermehr.
Da plötzlich – kommt die Ev' daher.
Ein herzig Maderl, schnukklig, züchtig.
Sie nimmt den Plattler sofort wichtig.
Jedoch ein Aufgab! Sappramen t!
Ein Grattler soll nun werd'n ein »Gent.«
Die Lieb' vollbringet manche Tat.
Dazu hat Ev'nen heißen Draht
Nach oben zu der Lieben Frau.
Der Grattler jetzt – ist eine Schau.

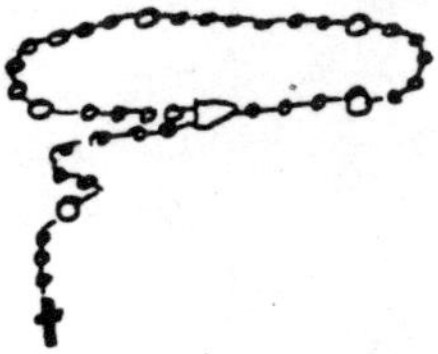

»Zum Flair auf einem netten Reiserl
Gehört für mich ein nettes Beiserl.
Ich weiß, daß ich heut' sicher schwanz'
Den Frühnachmittags-Rosenkranz«,
Wispert der Bauer Friedrich Schanz
Für sich so hin und läuft zum Brückerl.
Hinauf da oben so ein Stückerl.
Verborgen hinter einem Strauch
Schlummert das Beiserl, wie's so Brauch.
Tritt Fritzi ein und b'stellt ein Bier.
»Bierre Monsieur?« »Ja, her zu mir!«.
Da träumt der Fritz im Franzmann-
Beiserl.
Er betet hier so auf sein Weiserl.
Und schlabbert »bierre«, und nuckelt
Bier.
Er dankt dem Herrgott sehr dafür.

Amalie, das ist ne' Hex',
Die trieb zuviel, zuviel an Sex,
und das im biedren Stadlkoben.
Nun dafür ist sie nicht zu loben.
Zum Glück, daß keiner davon weiß.
Nur Gott, der Pfarrer durch die Beicht'.
Der Metzgermeister, Handler, Schnei-
der,
Und auch deren Frauen – leider.
Oder vielmehr – Gott sei Dank!
Sie schoben das nicht auf die Bank.
Pragmatisch denken Niederbayern,
So kam Madam' nach Kloster Scheyern.
Sie schält Kartoffeln, putzt Gemüs',
Und weil sie brav', darf sie mit Lies',
Der Schwester vom Koop'rater Hahn,
Die Pilgerreise treten an.

Die zarte, junge Frau Geheimrat,
Sie kam von zücht'gen Internat
Der »Englischen« aus Regensburg
Sofort in ihre Eheburg.
Was heißt hier Burg? –
Es ist ein Kerker.
Der Herr Geheimrat ein Berserker.
Sehr hochgeachtet, fromm mit Mucken.
Die Ärmste sollt' sich immer ducken
Und folgen, kuschen, kochen, lieben.
Sie eine Null – und er »Pik Sieben.«
Doch sagt man die Erziehung Ward,
Die ist von ganz besondr'er Art.
Wer »Ward-erzogen« nie sich duckt
So gänzlich ganz nach unten ruckt.
Und gibt der Existenz als Frau
Die Note, die besond're Schau.
Das Näschen hoch und sehr gepflegt
Madame sich solo hier bewegt.
Sie betet still nach ihrer Art,
Gelehrt von Nonnen à la Ward.
»Für mich ist Ehe immer heilig,
Doch gibt mir Kraft, daß ich nicht eilig;
Doch sachte, sachte, ›mon amour‹:
Dem Rat auch weise seine Spur.«

Peter und Paul und Paul und Peter:
Ja, diese zwei, die kennt ein jeder.
Als Dritter sei der Lenz genannt.
Drei Einschicht'ge von Gottes Hand.
Es steht geschrieben schwarz und fein:
»Nicht gut des Mensch' Alleinesein.«
Doch diese drei, dem Himmel Dank,
S'ist besser, hocken auf der Bank.
Verstaubt, vergammelt und vergessen.
Sie haben z'Trinken, z'Rauchen, z'Es-
sen.
Doch plötzlich – war'n 's auf d'Wallfahrt
b'sessen.
Nun, beten tun's so dann und wann.
Sie seh'n in Gott 'nen guten Mann.
Was wird auf die dereinst wohl warten?
Na, wohl nicht »Eden« – aber Garten.

Doktor, Doktor Hindemitt.
Wer ist denn er? – Ein Jesuit.
Er ist sehr fesch und auch sehr schnell.
Vom Intellekt sehr klar und hell.
Gefährlich dieser Gottesmann!
Gebete spricht er nur dann und wann.
Er konsumiert nur rationell.
Niemals trinkt er auch aus der Quell.
Wie soll der denn in' Himmel rein
Zu all den frommen Schäfelein?
Was soll's. Der Liebe Gott ist groß.
Er nimmt sie all' in seinen Schoß.
Auch diesen geistlich' »Playboytypen«.
Der muß halt dann mal Manna schippen.

Zu Haus' er modelliert Skulpturen.
Hier zieht er ohne jeglich' Murren
Früh' morgens zu der Heil'gen Messe,
Egal ob sie der Pater lese
Oder ein »Französisch Père«.
Hut ab! Der Künstler, der kommt her.
Ob er sich hier Motive sucht?
Er hat's sehr Not. – (Pardon – Verflucht!)
Was er so bisher hat gedrechselt:
Den Kopf er mit dem Fuß verwechselt.
Und eine lange, klapprig' Stange
Nennt er, und das nicht ohne Bange,
Die weite, große Ewigkeit.
O, Doktor, Doktor, Doktor Freud!
Mit laut' Trara, ohn groß' Befangen
Nahm er den Kunstpreis von Erlangen.
Darauf auf viele Plätz' der Welt
Hat er Gerippe hingestellt.
Niemand 'ne Ahnung hat davon.
Doch alle preisen laut im Ton:
»Wie schön, wie herrlich, o, wie schön!«
O arme Kunst, Aufwiederseh'n!
Hilf Himmel, hilf, o, hab Erbarmen!
Der G'schmack rutscht ab, auch von uns Armen!

Die Nacht ist süß, der Duft ist lau,
Der manchmal weht in Nittenau.
Romeo und Julia – Mechthild'und Hans:
Er ist hier Schreiner, sie 'ne Gans,
Weil sie sich diesen albern Narr'n
Erwählt hat so mit Haut und Haar'n.
Und Oma, Opa, Onkel, Tante,
Die Mutter, Vater, all' Verwandte
Dagegen sind, und dies mit Recht,
Denn Frau und Kinder hat der Specht.
Sie liebt ihn heiß und ohne Faxen,
Obwohl er häßlich, krumme Haxen.
Romeo und Julia – der beiden Lieb' –
Die bräuchten wahrlich viele Hieb.
Da gibt's jedoch die Tante Suse,
Von der Erscheinung keine Duse.
Fürwahr unsagbar schlau, die Gute.
Sie führt die Gans auf neue Route.
Nimmt sie auf diese Reise mit
Zusammen mit dem Xaverl Witt.
Nun fahren sie, wie fein – selbdritt.
Der Romeo zu Haus geblieben,
Bei Wein und Weihrauch abgeschrieben.
Und Julia? – Tut Xaverl lieben.

Da ist das Fräulein Pimpernell.
Sie ist nicht dumm, doch auch nicht hell.
In Lourdes läuft sie ganz rasch zur
  Quell'
Und betet für 'nen Mann, ganz schnell.
Die Gottesmutter meint: »Chanel«.

Da kommt einer hipp, hipp, herrjeh!
Der Mathe, der vom Bodensee.
Er ist ein lust'ger, schneid'ger, frischer
Hausback'ner und hausg'selchter Fi-
scher.
O, Heiliger Herr Nepomuk, o, Heiligste
Frau Kunigund'!
Was brabbelt denn der feiste Spund?
Er rennt schon ganz erschöpft einher.
Allweil's Hotel find' nimmermehr.
Muß fragen irgendwelche Leut'.
Ich bitte Dich, so sei doch g'scheit!
Du winselst da vor fremde G'sichter,
Vor allerhand so Kirchenlichter.
O, gäb's doch endlich Esperanto.
Und müßt' Du's lernen, wärst nicht
froh.
Du lernst sehr schwer die fremde
Sprach'.
Der Heil'ge Geist weht auch noch
schwach.
Jetzt merk' Dir endlich, dummer Wurstl,
Lauf' mit der Grupp' und still' Dein
Durstl
Daheim im Gasthof »de la Sartre«.
Dann hast kein Kummer, hast kein Arg.

Was zwischelt dieser Gottgelehrt'?
Wie bitte??? Merde – merde – merde?
Er sollt' doch Halleluja flöten.
O, dieser scheint schon arg in Nöten.
Der Chef der Sänger – Monsignore -
Er fuchtelt, dirigiert vor'm Tore
Der oberen Basilika.
Kein Freund ist er von so »lala«.
Genau – streng – richtig abgekartet
Die Einsätze er klar erwartet.
Es jodeln Amis, Italiener,
Iren und Schotten, Englischmänner.
Öst'reicher, Schweizer vor dem Tor.
Sie bilden einen ries'gen Chor.
Der Deutsch-Chor war zu guter Letzt
Mit Bayern schnell, schnell z'sammge-
setzt.
Einsatz verpaßt – Monsignore rast –
faucht indigniert.
Ne' Tölzerin rasch reagiert.
Sie sieht's, bei Gott, exakt nicht ein,
Welch Recht der hat, sie anzuschrei'n.
Denn wenn's schon tönt – auch nicht
vom G'hölz.

Das Schrei'n ein Privileg von Tölz.
Sie rast davon, nicht sehr gemessen.
Ihr Stöck'l-Hieb, der hat gesessen.
Sie dreht den Pfennigabsatz stumm
Auf Monsignores Zeh' herum.
Abends der G'weihte sehr bereut.
Niemals mehr Bayern er anschreit.
Die Zeh' färbt blau, o merde, o merde,
Die Tölzerin hat ihn bekehrt.

Was flüstert denn die Gusti Loor
Der Liesl in das rechte Ohr?
Wird gleich die Ärmste rasch erbleichen
Und sittsam auf die Seite schleichen?
O, nein, sie fegt: »O, liebe Leut!
Und Du kommst noch aus Tirschen-
reuth?«
»Was soll ich machen?« spricht die Loor.
»Hab' g'halten nicht am Scheunentor.
Ich sag's, es war der Schuster Rantscherl.
Glaub' mir, es war ein herzig's »Pan-
tscherl«.
Doch hat mich dieser unverhohlen
Am Stammtisch weiter anempfohlen.«
»Oha«, kreischt da die kluge Lies,
»Jetzt ist mir's klar, jetzt weiß ich's
g'wiß.
Jedoch ob Stephan, Luggi, Rantscherl:
Ein Pantscherl bleibt nun mal ein Pan-
tscherl.«
»Ich schäm' mich so, ich soll doch beich-
ten.
'S ist keine Sünde von den leichten,«
Raunt Gusti und fängt an zu flennen.
»Wie soll ich denn das Pantscherl nen-
nen?«
Und nun die Lies: »Sag'st 's ist die Sünd'.
Wenn man da Pech hat, kommt ein
Kind.«

Die fromme Witwe Emma Kick,
Die hatt' 'nen Benediktus-Tick.
Ihr Fritz zu Hause in Ottilien
Beerbte sie mit Immobilien,
Sehr weit verstreut im Bayernland;
Er schenkt' ihr auch vier Söhn' anhand.
So wie der Teufel sammelt Röster,
Hat sie ein »Faible« für die Klöster.
Gelöst hat sie's, die edle Flunder,
Denn alle Viere bracht' sie unter.
Den Jost in Schäftlarn, Naz in Scheyern.
In Ettal, Metten, all in Bayern.
Und das nicht nur für Gottes Lohn.
Gleicht aus die Säkularisation.
So watschelt sie mit holder Lust,
Vier Kerzen an der Wallfahrtsbrust.
Wie sie sich an der Quelle labt,
Ein Seufzer kommt: »Bittschön, ein
Abt!«

Hochrot das G'sicht, bläulich die Nas',
Zieht mir Herr Josef Johann Waas.
In München lebt er mit der Liesl,
Sie Kellnerin, er beim Donisl,
Schon dreißig Jahre an der Schänke:
Ein Schankbursch hurtig – voller
  Schwänke.
Doch kürzlich ist er umgefallen –
Krach-Bumm in München's heil'gen
  Hallen,
Beim Rathaus, hinter seinen Fässern.
»Der Blutdruck hoch«, meint Doktor
  Wässern.
Schnell hat er diese Reis' gebucht.
Von jetzt an wird nicht mehr geflucht,
Gebafft, gesoffen nur in Maßen.
Die Liesl hat den Marsch geblasen.
»O, lieber Gott, fleht er zur Stund,
Hilf mir! Ich bin ein armer Spund!
Wo ist denn meine große Sünd?
Bin nur ein Wirtschaftswunderkind.«

Herr Klapperlein, ein zücht'ger Herr.
Jetzt läuft er, der Herr Fahrlehrer.
Der hat's wohl Not, der Donnerlot!
Sein Kreischen macht die Ärmsten tot.
Die armen, armen Schülerlein,
Die bald die Straßen kreisen ein.
Wie gut, daß er hier wohl'ne Frist
Aus dem Verkehr gezogen ist.

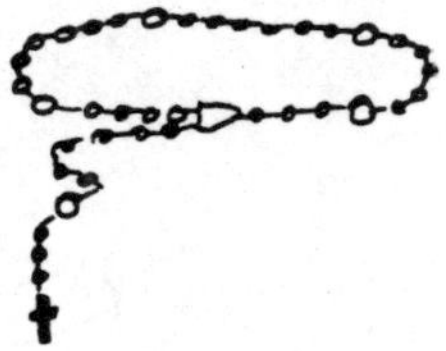

Ein Franke kommt niemals vom Ortler.
Der Hassler Mich' ist Wassersportler.
Ein ganz gewalt'ger, in der Tat!
Er ist beim Segeln sehr auf Draht.
Fängt neuerdings auch 's Surfen an
Und sagt sich oft: »Wer kann, der kann.
Selbst Petrus wandelte auf Wellen.
Niemand soll mir den Sport vergällen.«
Doch jetzt hat er wohl Grund zu bitten.
Das Rheuma tut ihn höllisch zwicken.
Was denkt der Mann von Petrus bloß?
Der wandelt' nie mit Badehos'.
Der hat mit G'wand nach Bibelsitten
Das Meer geschützt und warm durch-
schritten.

Da gibt's einen, der rennt und rennt,
Als wär sein Hintern angesengt,
Als ob das Höllenfeuer brennt.
Kein Wunder, er ist Dezernent.
Ein Dezernent von der Kultur.
Was treibt wohl den auf Himmelsspur?
Er pflegt die Sub-, Volks-, Hochkultur.
Hier wetzt er, als hätt' er die Ruhr.
Dem Ärmsten ist die Luft entwichen.
Man hat ihm das »Budget« gestrichen.
Nun flitzt er bibbrig auf der Reise
Und klopft hinauf auf seine Weise.
O Mann, bedenk', das Geld ist rar!
Der liebe Gott zahlt auch nicht bar.
Ach bleibe ruhig und werd' bescheiden.
Denk' dran: Kultur muß manchmal leiden.
Vor hundert Jahren hier hernieden
War der Kultur kein Mark beschieden.
Da gab's Kultur auch ohne Renten.
Doch fehlten Ref- und Dezernenten.

Die junge Witwe Lilli Banz,
Die möcht so gern den Emil-Franz.
Doch leider liebt der stramm' Soldat
Die Susi – schade – schad – sehr schad.
Voll Kummer ging die arme Frau
Zuerst wallfahrten in die Au
Nach Giesing, nächst der Isar blau.
Obwohl kein Hilf', sie gibt nicht auf.
Möcht stur erzwingen Schicksals Lauf.
Sie betet, zahlt auch, opfert Kerzen.
Ihr Kummer bleibt – die Liebesschmer-
zen.
Ne 'weit're Wallfahrt schneit in's Haus.
Entweder hilft's – oder s'ist aus.
Nach drei Tag', seit sie angekommen,
Die heiße Lieb' fast weggeschwommen.
Auch das ein Wunder – in der Tat.
Ein Flug – »passé« der stramm' Soldat.

Ein doppelt schwarzer Mann fliegt her.
Herr Müller – der Kaminkehrer.
Nein dreifach schwarz! Laßt mir die
Ruh!
Der ist auch bei der CSU.
Er kämpft den harten Kampf der
Schwarzen,
Die Hausfrau'n – d'Roten tun ihn trat-
zen.
Er hat's sehr nötig, Mann o Mann,
Denn auch beim Trinken geht er ran.
Er tankt so richtig auf, der Brave,
Für Seel' und Leib hier, an dem Gave.

Nathalie, damals im Mai
Miss Deggendorf als Nummer drei.
Jetzt reist sie unter Nummer sieben,
Von G'wissensnöten angetrieben,
Inmitten Wack'rer, Zahmer, Sünder,
So einem Haufen Gotteskinder.
In ihrem ersten Drittel Leben
Da konnt' die Schöne herrlich schweben,
Getragen von der Jugend Glanz.
Doch all's verzehrt der bunte Tanz
Des flotten Lebens – Jugend – Glück,
Und noch ein leichtes Mißgeschick
Bei Wahl der Männer, o Herrjeh,
Bringt Kummer, Leid und großes Weh.
Was bleibt, ist Selbstbesinnung – Gott.
Doch dieser bringt es schon in's Lot
Bei allen, auch bei Nathalie.
Die Reue kommt halt spät – nie früh!

Aus Oberbayern kommt der Rainer.
Zuhause mimt er »Entertainer.«
Bis jetzt, was ihn sehr wohl verschreckt,
Lebt er noch gänzlich unentdeckt.
Kein Rundfunk- und kein Fernsehmann
Nahm ihn je weg von seinem »Clan«,
Der ihn umgibt beim Hinterwirt,
Obwohl er alles flott kopiert.
Den »Trenker«, »Lou« und die »Loren«.
Sogar die »Monroe Marilen«.
Er quatscht und faxt sehr locker-eilig.
Dabei ist ihm schon gar nichts heilig.
Als neulich's »Repertoire« erschlaffte,
Er sich am Klerus z'schaffen machte.
Und donnerte viel' faule Sprüche,
Und kochte keine »saub're Küche.«
Da grollten Wirt und Mütterlein.
Sie ließen ihn nicht weiter schrei'n.
Verzogen ihn vom Heimatort
Zur Umkehr und zum Büßen fort.
Anstatt zu flachsen, muß er beten.
Doch Gott hilft auch in diesen Nöten.
Er plappert abends froh beim Wein,
und alle Bied'ren tun sich freu'n.
Ist lustig, munter, ei der Daus!
Die Gottesknaben hält er raus.

Zu Regensburg, der Doktor Witten,
Der hat einmal daneben g'schnitten
In einem Domkapitel-Bauch.
Da half kein Tupfer und kein Schlauch.
Der Patient ist weggeschwommen
Und sicher drüben angekommen.
Seitdem tut Doktor Kirchbänk' drük-
ken.
Das G'wissen muß ihn schrecklich zwik-
ken.
Die Wallfahrt kam, weil's innen röhrt.
Doch plötzlich er 'ne Stimme hört:
»Geh', bitte sei doch wieder heiter.
Das Leben geht doch trotzdem weiter.
Der Alte war doch wirklich fad.
Um ihn ist es nicht allzu schad.
Du wollts't ihm gut, hast Dich gerührt.
Ich hab' Dein Hand' halt nicht geführt.
Steh' auf! Nimm wieder das Skalpell.
Doch eins: schneid' niemals mehr so
schnell.
Ob bissig, fad, ob dösig, lähmig.
Ich hab' zur Zeit ein paar zu wenig.«

Im Grund wollt' Alexander Russ
Nach Griechenland zum Pyrenäus.
Jedoch Computer spielt verrückt
Und hat ihn glatt nach Lourdes ver-
schickt.
Zuerst faucht Alex sehr erbost.
Er hat getobt, doch ehren Trost
Sprach ihm die eig'ne kluge Frau.
Sagt gütig, lieb zu ihm: »Na, schau,
Du weißt im All
Und auch auf Erden überall,
allüberall und nicht zuviel
Der weise Gott hat d'Hand im Spiel.
Er hat sich sicher umgestellt
Und akzeptiert die Technikwelt.
So halt ergriffen auch Dein Ruder.
Und ›managt‹ Dich durch den Compu-
ter.«

Herr Obermatt, ein junger Mann,
Schleppt traurig sich und lahm voran.
Er hat verloren eins, zwei, drei
Sein Arbeit in der Schreinerei
In Pfaffenhofen an der Ilm,
Im Fensterwerk der Firma Gschwilm.
Es ist nicht leicht, nicht einerlei,
Wenn man verliert so eins, zwei, drei
Die Arbeit, die man hat und liebt
Und auch dem Leben Inhalt gibt.
Er ist sehr traurig, s'ist verständlich.
Doch er ist jung und auch noch wendig.
Geb' Gott ihm Kraft und neuen Mut,
Daß alles werdet wieder gut.

Ist er ein Boxer oder Ringer?
Er hat ja Bratwürst', keine Finger.
Als Bierfaß rollt von hinten an.
Wer ist denn dieser schwabblig' Mann?
Er keucht und schwitzt und brütet
stumm
Und blicket hilflos rund herum.
Er fühlt sich derzeit noch nicht wohl.
Sein Anblick ist ja auch nicht toll.
Doch bei der Wallfahrt wohlbestellt,
Wird nicht gesucht der »Mister Welt.«

Amalies Mann, dem dürftig' Wiggerl,
Dem hat sie was gebrockt in's Süpperl.
Es war kein Bruch, es war ein Brücherl.
Ein Ehebrücherl, wie sie denkt.
Der Fredl hat sie seitab g'lenkt.
Beim Schmusen, Küssen, Tappen, Kosen,
Da schwankt' die Eh' der Lieben, Losen.
Der Wiggerl röhrt, der arme Wicht;
Doch ganz zum Bruche kam es nicht.
Nun hat die Frau sich aufgericht'.
Sie will den Abstand schnell erreichen.
Tut heimlich sich zum Büßen schleichen.
Und hofft, daß ihr verzeiht das Brücherl,
der Herrgott und das dürftig Wiggerl.

Die Bäuerin Seraphia Wimmer
Steht schon in aller Früh' im Zimmer
Vom Pilgerleiter Alfons Dreier.
»Jetzt«, keift sie »hab' ich meinen Mann,
Obwohl er keine Freud' daran,
Mit Ihnen hergelockt nach Lourdes.
Doch er, glaub' ich, will wieder furt.
Er schreit die ganze Nacht »lechz,
lechz.«
Der Narr denkt, er sei in Andechs.
Der Leiter spricht voll Lieb', ohn Haß:
»So gib' ihm doch am Tag drei Maß!«

Die Mädchen schnalzen schon im Chor.
Ein schöner Mensch, braun wie ein
Mohr,
Von München kommt er, nicht aus
Rohr:
Ein Jünger Jesus – Dominus.
G'hört er nicht zum Ignatius?
Ein Tausendsassa, auch verbal.
Politisch denkt er radikal.
Die Heil'ge Schrift er kritisiert.
Die Dogmen er nur registriert.
Wo steht denn der an Gottes Thron?
Ganz äußerst links – Opposition.

Ignatius, genannt der Nazi.
Hilf Himmel, ist ein Oberbazi!
Ein Bazi ist schon schlimm genug –
Jedoch der »Ober« – bringt den Krug
Solang' zum Brunnen, bis er bricht.
Und drum hat sich gebrockt der Wicht
Die Wallfahrt ein bei seinem Weib.
Er lebt nicht hier zum Zeitvertreib.
Er wurde hergeschleppt mit Macht.
Die Alte sehr darüber wacht,
Daß er voll Andacht hebt die Händ'.
All' Tag' wird er hier eingesprengt
Mit Weihwasser und nicht mit Bier.
Er leidet stumm und schrecklich hier.
Doch ehrlich, ohne Firlefanz,
Auch sein »Visage« bekommt ein Glanz.

Es ist was Fürchterlich's passiert
In Rosenheim beim Kettlerwirt
Zur vorgerückten Abendstund'.
Der Korbi schimpft: »Jetzt halt'st Dein
Mund.«
Na, was ist Schrecklich's denn dabei?
Ja, weil der Bursche war so frei,
Und sagte dies: Ei, ei, ei, ei
Zum Hochwürden der Stadtpfarrei.
Ganz Rosenheim hat aufgejault,
Sein Burgl kräftig ihn verhaut,
Der Wirt den Eintritt gleich verwehrt,
Die Schand' ihn mächtig ausgezehrt.
Nun zum Verständnis sei gesagt:
Er hat 'nen Fetzenrausch gehabt.
Natürlich hat er sich entschuldigt.
Voll Reu' der Gottesmutter huldigt.
Ist brav und zahm und still und lieb.
Geläutert auch von Burgl's Hieb.

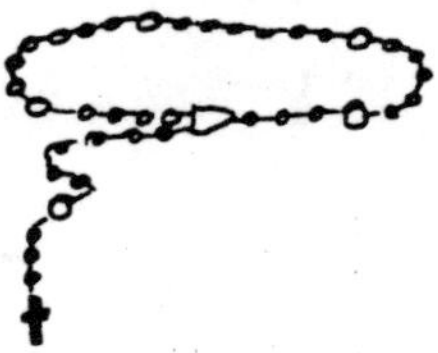

Vier Jünglinge meist immer unken.
Sie nennen sich: »katholisch unten.«
Und glauben sicher und gewiß,
Allein nur wichtig die Basis.
Doch frag' ich mich die ganze Zeit:
Wir leben hier für Gott bereit.
Und sitzen all' im gleichen Boot.
Christus starb doch nur einen Tod.
Erlösung ist wohl allgemein.
So seh' ich das »Katholischsein«.
Der Friede auf der buck'len Welt,
Ein Wunschtraum gut und wohlbestellt.
Denn in der Schul' gelernt wir all':
Pro Tag gewiß der Sündenfall.
Und das laut Bibel noch mal Sieben.
Wo ist Eu'r Nüchternheit geblieben,
Ihr klugen, lieben jungen Christen?
Versucht zu werden Realisten.

Dem Meßner Leo von Sankt Klaus,
Dem fallen sämtlich' Zähne aus.
Nicht glücklich scheinet der Gesell.
Zusätzlich wirkt er als Pedell.
Gern blickt er nach den Mädchen –
schnell.
Nach Anna, Agnes und Helen'.
Zur Zeit sein Anblick gar nicht schön!
Der Zahnarzt ihn schon oft gequält.
Hier nun er zu den Pilgern zählt.
Was spricht wohl Gott zum eitlen
Tropf?
Vielleicht lang' selber Dir am Kopf.
Iß mehr Gemüse, Obst – nicht Wurst.
Und still nicht immer Deinen Durst
Mit Bier, trink lieber Limonade!
Wenn Du nicht hörst: Denn eben scha-
de!

Aus Straubing, Doktor Erhard Racker,
Das ist ein »Psy- Psy- Psychiater«.
Ein ungemein gefragter Herr.
Doch leider – auch ein Stotterer.
Er ist den Kunden sehr sympathisch,
Weil Diagnosen stellt emphatisch
Und stößt sie bös gequält heraus.
Das bringt ihm ein sehr volles Haus.
Er selber fühlt sich nicht sehr frei
Mit seiner dummen Haspelei.
Er betet, schluckt und schluckt und be-
tet,
Und fühlt sich wohl, weil er nicht redet.

Mater Anselma heißt das Nönnchen.
Es kommt aus Regensburg, das Tönnchen.
Vom Manna lebt sie nicht allein.
Sie ißt und trinkt und stopft nur rein.
Doch fröhlich ist sie herrlich wahr!
Des abends lehnt sie an der Bar
Und schlürft so manches Becherlein
Von Gottes Rot- und weißem Wein.
»Der Mensch lebt nicht vom Geist allein.
Es kann auch Brot und Weinchen sein.«

Drei stolze Recken tanzen an.
Sie g'hörn dem »Opus dei« an.
Die strahlen aus ein laut'res Wesen.
Schon öfters' war'n sie hier gewesen.
Selbstheiligung, das ist ihr Ziel.
Ist das nicht viel, nicht allzuviel
Für arme Erdenbürgerlein?
Na, was nicht sein kann, muß halt sein.
Einer, der nennt sich Numerari.
Der denkt niemehr an »Larifari.«
Der and're Sub- der Dritte nur,
Ein Kooperator, – doch auf Spur.
Den Pilgern wird ganz Angst und Bang',
Wenn sie die Zücht'gen schauen an.
»Nehmt's leicht – im Himmel wie auf
Erden
Wird's Erst' und Letzte geben werden«!

Der Michler Berti, frisch aus Laufen,
Wollt' sich das Lourdeswasser kaufen.
Vergebens sucht der Wicht den Schlitz.
Das ist doch nicht ein loser Witz?
Dafür nimmt er mit eitler Wonne
Die Kerzen aus der großen Tonne.
Und da er nicht französisch kann,
Steckt er, und steckt er laufend an.
Für jedes Kreuz, für jeden Schmerz,
Für jedes arme Lauf'ner Herz.
Na, lieber Gott, »bon jour, bon jour«.
Das gibt 'ne miese Inventur.

Groß wie die Schwungtür' vom Mathä-
ser
Ist d'Scheib'm, ist d'Hüft'n der Frau
Käser.
Jetzt stolpert sie, es ist zum Fürchten,
Hinauf die Treppen zu den Kirchen!
Sie hat sich feste vorgenommen:
Ihr Vorsatz klar, nicht mehr ver-
schwommen,
Sie keucht und hechelt: »Gib Askese!
Sonst schnappt der Alt' die Witwe Be-
ese.«

Fräul'n Zitzewitze, die Emanze,
Die hatte eine Vollromanze.
Pfui Teufel! Stellt Euch das mal vor,
Mit Herrn Kaplan Augustus Mohr.
Doch alles endet, glaubet mir,
Auch die verrückten Liebesschwür.
Was bleibt – ist Reu', Gebet und Buß.
Zur Kirche geh'n sie nun zu Fuß.
Und keiner blickt den and'ren an.
Kein Wunder hat der Herr getan,
Denn ein Kaplan und 'ne Emanze,
Die taugen nie zur Vollromanze.

Ganz vorne bei dem ersten Schub
Marschier'n die Sportler von dem Club,
Vom Tennisclub von Wolfratshausen.
Den ganzen Tag sie hetzen, sausen,
Laufen den and'ren vor und d'rein,
Die Luis', Marie, Gerd und der Hein.
Als sie zu Bunt es hab'm gemacht,
Da hat der Leiter nicht mehr g'lacht.
Verflixt! Flucht er im heil'gen Zorne:
»Entweder hinten – Mitte – Vorne!«

Fräul'n Kunigund liebt Dagobert.
Doch dieser ist nicht sehr viel wert.
Er will nur immer, immer lieben.
Von Ehe steht da nichts geschrieben.
Sie war es leid und dachte dann:
»Ein neues Leben fang' ich an.
Ich tauge nicht zur Kurtisane,
Denn diese blüht nur im Romane.
Zuerst ich bete, beicht' und büß',
Denn niemals ist die Sünde süß.
Was denkt sich denn der alte Dago?
Er war noch nie »Doktor Schiwago«.
Ich ziehe fort nach Sindelfingen.
»Tschau« Dago, »Götz von Berlichingen.«!

Weil er so schrecklich liebeskrank,
Hockt Alfons in der Kirchenbank,
Der Kirchenbank, der ziemlich harten.
Er will auf Seelenfrieden warten.
Es schmerzt und wurmt das arme Herz.
Weg die Sophie! Und weg der Nerz!
Weg Mondenschein! Weg Liebesrausch!
Die Kirchbank' ist ein nüchtern Tausch!
Erlösung naht, derweil er flennt.
Die Anni an der Betbank lehnt.
Die fromme Anni aus Harthausen:
Spring auf! Schlag's Kreuz! Laß d'Sophie
sausen!

Drei Amseln von der Holledau,
Die fußeln zu der Lieben Frau,
wie man die Gottesmutter nennt.
Die eine von den Weibsen flennt:
»Ich will nicht mehr das Leben lieben.
Kann einfach keinen Nachwuchs krie-
gen.«
Die Zweite an der Betbank klopft.
Sie hat umsonst ein G'spus erhofft.
Die Dritte, ach Du schlimmer Graus!
Hat sieben Mädchen schon zu Haus'.
Der Ehemann gibt keine Ruh';
er will und will mit G'walt ein Bu'.
Ist das nicht schlimm, warum, o Herr,
Gibst Du hier nichts und dort viel
Gscherr?
Warum, warum, warum, warum?
Das Leben ist kein »Gaudium«!
Manchmal sieht man kein' Sinn dahinter,
Ob Frühling, Herbst, ob Sommer, Win-
ter.
Wer hat's nicht manchmal richtig satt?
Auch beim Gebet. Ich nehm' kein Blatt'
Mir vor den Mund
Und sag zur Stund,
Was mich bedrückt
Und hoff', es wird zurechtgerückt.

Herr Hackebein hat sich nicht leicht
'Ne große Erbschaft keck erschleicht.
Sie war die weit' entfernt' Verwandte.
Man nannte sie das Fräulein Tante.
Für ihn die Erbtant' justament.
Er Haupterb' lautens Testament.
Das Geld nun sein!
Und auch ein Haus für Hackebein.
Jedoch die Tant' hat viele Weil.
Sie dachte oft an's Seelenheil.
Von Zinsen geh'n nun ab die Spesen.
Jed' Woch wird eine Meß 'gelesen.
Und einmal jährlich muß der Mann
Zur Bet-Buß-Wallfahrt treten an.
Ein weiser Notar d'rüber wacht.
Was haben seine Vettern g'lacht.

Er ist kein Schubert – ist kein Liszt.
Herr Flatterich – Domorganist.
Wirkt lange schon im stolzen Bayern,
Wo man mit Klang tut Messe feiern.
Spielt emsig, fleißig, immer munter
Die Tasten rauf, die Tasten runter.
Es jubelt, jauchzt und es vibriert.
Die Beter werden stimuliert.
Doch plötzlich gab's 'nen argen Krach
Mit den Domherren – Teufel – Ach!
Herr Flatt'rich wollt' neu Orgel – Geld.
Er lebe hier auf dieser Welt,
Klagt er, und pfeife darauf d'rein
Für'n Himmel billig zu »schalmein«.
Der Streit war da – nicht aufzuhalten.
Doch wünscht man Flatt'rich schon zu halten.
Den Organist im stolzen Bayern.
Gab Geld für'n Urlaub, bat zu feiern.
Hat ihm 'ne Pilgerreis' gestiftet
Und hofft – das Übel wär' gerichtet.

Sehr grantig blickt der Flori drein,
Dem seine Frau, die flott' Kathrein,
Hat sich der Politik versprochen.
Der Flori muß nun Suppe kochen,
Muß Kinder hüten,
Windeln bügeln.
Und putzen, saugen, Fenster ledern,
Der Alten zuhör'n noch beim Fleddern.
Jetzt bitt' er: »Mutter, Du bist dran!
Dein Josef war doch nie Hausmann.
Du kannst mir helfen allzumal.
Laß sie verlier'n die nächste Wahl.«

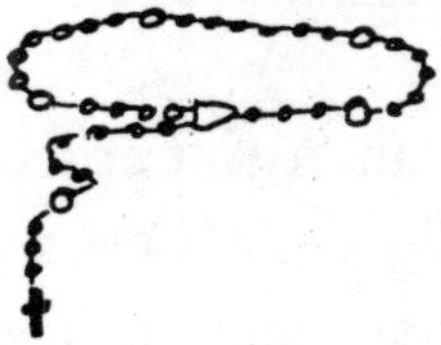

Wer strampelt denn hier so nervös?
Ein Männchen, Johann Jakob Bös.
Er ist nicht bös, der edle Ritter.
Nur hantig, grantig, schrecklich z'wider.
Wahrscheinlich wurd' er abgeschoben
Von seiner Hausfrau, Luise Loben.
Er juchzt und leiert hier im Chor.
Und hat's recht faustdick hinter'm Ohr.
Er gibt sich nur so eklig, fad.
Im Kleingehirn der Mutter Rat:
Sei vorsichtig bei allen Frauen,
Denn keiner kannst Du jemals trauen.
Sie grapschen Dich, woll'n Häuschen bauen.
Sei fromm und friedlich, bleib' allein.
Sankt Paulus sagt: »S'wird besser sein.«
Nun denkt der Bös: »Was soll ich machen?
Hab' all's befolgt, und doch 'nen Drachen.
Pack's anders an, meint er jetzt heiter.
Von nun an läuft es anders weiter.
Der Paulus irrt – bei mir fürwahr.
Ich schreite doch zum Traualtar.
Ich bitte, und ich hoffe fest,
Vielleicht ein Weib sich finden läßt«.

Im Chor schlurft hier ein neckisch' Paar,
Aloisia und Waldemar.
Er ist ne Kugel, rund und fein.
Sie lang, mit schrecklich dürre Bein'.
Er rollt, sie stelzt, heftig bewegt.
Ein Kreuz hoch über ihnen schwebt.
»Schon lange«, spricht der Vater Abt,
»Seht zu, daß es nun endlich klappt,
Papperlapapp und Rama Dama
Für was gibt's die Rota-Romana?
Ich kenn' mich aus in der Juristik,
Und schlau und ungeheuer listig
Hab' ich Euch Gründe hergezogen,
So schön verpackt und ausgewogen.
Laßt' endlich Euer Phlegma z'Haus,
Damit die halbe Eh' ist aus.
Ihr wandelt doch auf Gottes Wegen.
In Christi Nam', holt auch den Segen!«

Der Mond glänzt in's Hotel hinein.
Der Tag war lang und voller Schein.
Was steht am Nachttisch winzigklein?
Die Zähne in dem Becherlein.
Die Oma im »Französisch Bett«
Sich hektisch auf die Seite dreht.
Im Schlafe fuchtelt sie herum
Und wirft das Glas nebst Zähnen um.
Gebiß kaputt! O, wei, o, wei!
Das gibt ja morgen ein Geschrei.
Viel Wunder gab's schon um die Uhr,
Doch niemals Zähnchenreparatur.

Die Gustl hat ein schlimm' Malheur.
Bei ihr läuft alles toll verquer
In ihrer Ehe mit dem Max.
Der Kerl, er flippt nicht ohne Spaß
Fast jeden Samstag gräßlich aus,
Wenn er vom Wirtshaus kommt mit
Rausch.
Die vielen Zacken in der Krone.
Du lieber Herr, die sind nicht ohne.
Dann brüllt er, fegt er, nachts um zehne.
Und überdies liebt er noch Lene.
Die Gustl heult zum Steinerweichen:
»Madonna, bitte stell' die Weichen
Beim Max doch um, und laß den Ehe-
kelch, den bitter'n,
Doch bald an mir vorüberschlittern.«

Sein Blabbern hat kein' heil'gen Ton.
Er jammert über Inflation.
Vom Zinsniveau spricht er sehr oft.
Was wohl in seinem Kopfe pocht?
Ansonsten wirkt er distinguiert.
Hemd schwanenweiß, und gut frisiert.
Voll im Gebet, doch konsterniert
Winkt er dem ab, der modisch unkt.
»Jetzt aber machen sie 'nen Punkt«,
Fegt er und kontert unwirsch drein:
Herr Bankdirektor Häberlein!
Doch manchmal spricht er gar nicht
dumm.
Hätten wir nicht das Bürgertum,
Das fleißig zahlet seine Steuer,
Kein Mensch könnt 's, wäre ungeheuer,
Den Staat, Kultur selbst Kirch' beleben.
Nun ganz liegt er wohl nicht daneben.
Das eine hängt vom and'ren ab,
Sonst macht des Lebens Kreislauf
schlapp.
Er hat's erkannt. Er redt' kein »Papp.«

Der Muggenhofer Schorsch vom Schongau
Ist nicht zufrieden mit der Frau.
Sie arbeit' z'weng, ist krank zuviel.
Das ist für'n Schongauer kein Stil.
Er selber gleicht ein' Kleiderschrank.
Hat Clodeckel, anstatt ne' Hand.
Er betet fest zur Lieben Frau.
Doch diese sagt ihm ganz genau:
»Ei Schorschi, Schorschi merke Dir!
Ein Mensch ist niemals ein Klavier!«

Die laut're Metzgermeisterin
Trabt langsam zu der Kirche hin.
Sie betet fest den Rosenkranz
Für ihren Metzgermeister-Franz.
Das ist ein selt'nes Exemplar.
Drei Zentner hat der Gute gar,
Weil er nur metzgert, frißt und sauft
Und niemals in die Kirche lauft.
Dabei, sagt Doktor Alfons Star,
Dem seine Zeit, die ist bald gar.
Sie sieht ihn schon im Höllenschein
Und sich als Witwe, ganz allein
Mit Metzgerei und Kinderlein.
Sie betet fest mit Herz und Mund
Für eine glücklich' Sterbestund'
Für ihren armen, armen Franz.
Und ihr den braven, dürren Hans.

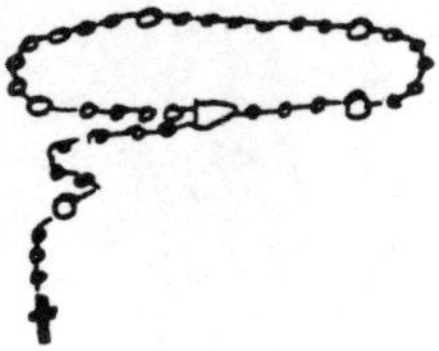

Zwei intellektuelle Damen,
Sie kommen taufrisch vom Examen.
Die eine Medizin für's Vieh.
Die andere Theologie.
Sie recken stolz die süßen Näschen:
Zwei Blaustrümpfchen und keine Häschen.
Das merkten bald zwei lust'ge Beter.
Xaverius und auch der Peter.
Im Ausland hier, im weiten, fernen,
Da sollten sie das »Frommsein« lernen.
Selbst hier sie nicht die Untug' lassen,
Nach allen Frauen toll zu fassen.
Ha, ha, Ihr zwei, Ihr wack'ren Knaben,
Hier seid exakt Ihr falsch geraten.
Tiermedizin und Theologie,
Mögen die schnelle Liebe nie!

Mit Friedl geht Herr Doktor Rate:
Der Lausbub mit dem Herren Pate.
Der Vater einst, mit Aug' auf's Geld,
Den noblen Herren auserwählt.
Der ließ sich überhaupt nicht lumpen.
Jedoch dem Friedl hat's gestunken,
Daß, außer Firmungsuhr und Radl,
Er laufen muß jetzt zwischen Madl.
Zwickt nun ganz schnell ins feiste Wadl
Die ruhige und nette Lotte,
Das Töchterlein von Mutti Rotte.
Und gibt nach hinten schnell ein Stoß
Dem Bübchen von der Oma Loos.
Als dann vorbei die Aggression,
Er bittet um des Himmels Lohn.
Und wünscht hinweg, weit – meilenweit,
Den reichen Paten von der Seit'.

»Madonna mia«, kreischt Rosanna.
(Sie hat versprochen ihrer Mamma
Zu Hause, dort in Neapoli,
Daß sie sich trennt von Mister Li.
Der Schlimme führt' ne Bar in München,
Und ist auch zuständig für Sünden.)
Als sie erblickt 'nen kleinen Mann,
Der justament grad sie schaut an,
Sie dacht', es wäre Mister Li.
Sie schreit: »No, no, und auch si, si.«
Rosanna, reg' Dich wieder ab.
Niemehr hält Dich der Li in Trapp.
Es ist halt komisch, ei der Daus!
Chinesen sehen ähnlich aus.
Reise zurück, vergiß den Li.
Gott segne »Bella Napoli!«

Frau Läpple und Frau Lina Ränftle,
Die reisen an vom Schwabenländle
Und schlurfen mit im Wallfahrtszug.
Sie plappern immer, s'ist kein Lug.
Ja, wenn sie geistig ratschen würden.
Sie aber nehmen alle Hürden
Des Tratsches über's Nachbarsdorf.
Zieh'n ab den Leut' das Haar samt
Schorf,
Daß von der nächsten Ortspfarrei
Nichts übrigbleibt als Nackedei.
Ja, ist denn so etwas nur möglich?
Es ist bedauerlich und kläglich.
Jedoch, da nah'n mit Riesenschritten
Herr Pfarrer Bäuchle – Kaplan Mitten.
Der eine stammt vom Nachbarort.
Er trennt die zwei – nimmt eine fort.

Wer hockt da finster in den Ecken?
Ein G'sicht, daß Heil'ge fast erschrek-
ken.
Ist Ruh' nicht g'wohnt, der Börsen-
mann.
Er schreit die Leut' ganz kräftig an
Tagtäglich vor dem Apparat,
Von früh des morgens bis nachts spat.
Wenn steigert sich das Zinsniveau,
Dann brennt er geistig lichterloh.
Voll Spekulation, das ist der Sepp,
Doch seine Felle schwimmen weg.
Wenn er sich nicht bald mäß'gen kann,
Dann kommt er schnell bei Petrus an.
Ob der In'tress' am Börsentipp?
Im Himmel gibt's ein and'res Glück.
Doch was heißt' Glück, 's ist relativ.
Wir alle kennen nicht's Motiv
Vom Vater Gott. ER ist das SEIN.
Gibt Manna Dir und mir den Wein?
Vielleicht wird er Parzellen nennen,
Wo Börsianer feilschen, rennen.

Es rauscht der Gave, der Mond schleicht
an.
Tiefblau die Nacht, ein einzeln Mann
Sitzt stumm und tief in sich gekehrt.
Solch Einkehr hat ein großen Wert.
Er trägt am Sündenpack sehr arg,
Herr Blaustein vom Hoppla-Verlag.
Sein Zeitung ist ein Blätterwald –
Sehr wüst – Und er, er greifet kalt
Hinein ins Leben, tötet Herzen;
Nimmt niemals Rücksicht auf die
Schmerzen.
Doch jetzt! Hurra, er sich besinnt.
Wer wahr schreibt, Gott zum Freund
gewinnt!

»Weltstadt mit Herz« man München
nennt.
Von dort der Willi kommt gerennt.
Dereinst ein übler Herzensbrecher.
Er hat geleert wohl manchen Becher,
Den ihm ein weiblich' Wesen gab.
Er hielt die Frauen stets auf Trab.
Hat immer fest sie angegiert
Und meistens kräftig ausgeschmiert.
Jetzt sitzt er fest, er hat's verdient.
Die Wally hat ihn angeschient.
Kompakt, massiv hält sie die Wachen.
Der Ärmste hat nichts mehr zu Lachen.
Mit Schwiegermutter, Schwiegervater,
Mit Onkel Wolfgang, dem Herrn Pater
Wankt er ergeben in den Reih'n
Und sucht umsonst ein Mägdelein.

Dem Hinterhofer Knecht, dem Bene,
Dem zwickt es in der rechten Vene.
Er ist doch selber schuld daran.
Er nicht das Rauchen lassen kann.
Er kennt kein Weib und auch kein Bier;
Doch Qualmen tut er für und für.
Was hilft der Sitz als Kirchenraster,
Wenn er nicht aufhört mit dem Laster?

Marianne zählt schon fünfzig Jahr'.
Sie ist 'ne echte Jungfrau gar.
Doch trotzdem fehlt es bei ihr weit.
Sie spinnt nur an die Geistlichkeit.
Ob Papst, Prälat, Pfarrer, Kaplan:
Sie himmelt, himmelt alle an.
Deshalb ihr Gott 'nen Mann versagt.
Gäb' es nur nicht den Zölibat.
Ihr armes Herz ist sehr verzagt.
Ein Mannsbild einst aus Illertissen
Schmiß ihr schon mal sein Herz zu Fü-
ßen.
Doch sie derzeit, verflucht die Tat!
Schwärmt' feurig für 'nen Geistlich' Rat.
Nun wackelt sie in »Frustration«
Und wartet auf des Himmels Lohn.
Der Himmel wäre ganz schön blöd;
Dort oben ganz was and'res steht:
»O, zarte, holde Weiblichkeit,
Die Finger ab von Geistlichkeit!
Noch immer gibt's den Zölibat.
Für Dich, Mariann', ist es zu spat.
Wend' ab die Augen, sei zufrieden.
Nimm's Leben, wie Dir's Gott beschie-
den.«

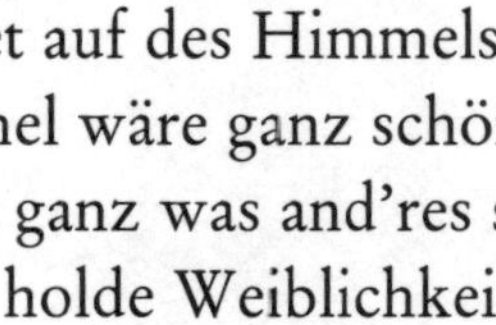

Frau Hintermeier hat 'nen Schmerz;
Der drückt ihr bänglich auf das Herz.
Sie kann und kann nicht sagen nein,
Wenn Kataloge trudeln ein.
Dies gut' Geschäft, wie sonderbar!
Es blüht noch mehr von Jahr zu Jahr.
Das Angebot wird immer wärmer.
Die Hintermeierin viel ärmer.
Der Alisi, ihr Mann, der Bauer,
Ist giftig, wütend und mordssauer.
Sie betet voller Inbrunst, Kraft:
»Herr nimm mir diese Leidenschaft!«

Das Fähnlein knattert froh im Wind.
Madonna lacht mir ihrem Kind.
Der Rudi hat's gezerrt vom Spind.
Es stammt von Achtzehnhundertzwan-
zig.
Die Stimmen klingen etwas ranzig
Vom G'sangsverein von Lauterbach.
Der Vorstand heißt: Herr Simon Ach.
Mit von Partie ist auch der Toni,
Der Hiasl, Michel, Fonse, d'Vroni,
Nur engagiert als Fahnjungfrau,
Denn Frauenstimmen winseln lau.
Der Vorstand sagt's. Er hier fungiert.
Nur Männer werden dirigiert.
Sie geistlich singen, trillern heut'.
Der Himmel zeigt ein Riesenfreud'.
Kein Regen! Leuchtend Sonnenschein!
Gott's Segen übern G'sangsverein!

Fritzchen und Fred – Politologen –
Kamen auch nach Lourdes gezogen.
Der eine schwarz, der andere rot.
Sie streiten immer – Sapperlot!
Sie nörgelen so für und für.
Der Wahlkampf steht auch vor der Tür'.
Sie kämpfen früh, sie kämpfen spät
Und kommen niemals zum Gebet.
Herr Hochwürden Hans Sennewein,
Der wirft sich doch dann zwischendrein.
Er droht sehr streng und salbungsvoll:
»Ihr beiden treibt es doch zu toll.
Laßt Eu're Politik zu Haus.
Ich treib' Euch Eu're Flachsen aus.
So schaut doch auf zum lieben Gott.
ER ist gemäßigt schwarz und rot.
Die Mutter Gottes, glaubet mir,
Die hat nie ein Gehör dafür.
Hört Ihr denn nicht des Heilands Ruf?
Wählt einen anderen Beruf.«

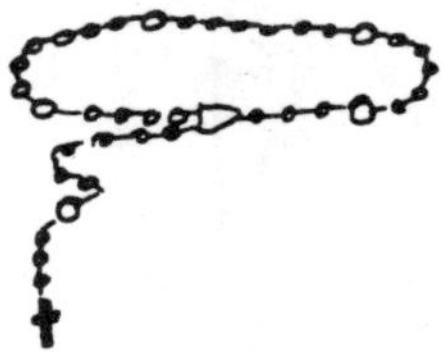

Die wunderschöne Magdalene,
Die schleppt' wohl mit ein Pack' Proble-
me.
Wieso? Das werdet fein ihr glauben.
Na, sicher nicht mit Turteltauben.
Nein, mit dem anderen Geschlecht.
Das ist, bei Gott, sehr wahr und echt.
Sie lebt sehr lustig und sehr locker.
Sie liebte, wie man sagt: »Vom Hocker«.
Und nahm da jeden schnell so mit.
Den Sepperl, Gustav, Lothar, Pitt.
Erhörte sogar Sommerfrischler,
Den Metzger, Schuster, Bäcker, Tisch-
ler.
Doch plötzlich sie ne Reu' verspürt;
Erkennt nunmehr der Frauenwürd'.
Und tapfer stapfet sie nun mit.
Ihr Leben neu – ohn' lose Sitt'.

Lilo und Lott', flott wie im Western,
Zwei seicht', doch fromme Zwillings-
schwestern.
Plüschäugig, lieblich anzuschau'n.
Kein Labsal für die bied'ren Frau'n.
Jedoch die hehre Männlichkeit
Aus München, Passau, Tirschenreuth,
Aus Regensburg und Cham und Kürn,
Die taten manches Aug' riskier'n.
Ob Pfarrer, Ehemann, ob frei:
Bei Schönheit ist das einerlei.
Ob alt, ob jung, ob »gichtmalade«.
Der Wunschtraum, der kommt nie zu
spat.
Ob hundert, vierzig oder dreißig:
Der Teufel, der ist immer fleißig.

»Aber, aber, Fräulein Gnädig,
Sie haben's wirklich doch nicht nötig,
Mit diesem Haufen mitzuzappeln«,
Meint Rotdraut von der Ortschaft Kappeln.
Erst letztlich rühmt Sie Kaplan Schien
Als superbeste Sammlerin
Bei Frühjahres-, Herbst-Caritas.
Und nun Sie hier? Was soll denn das?«
»Na, liebes, liebes Fräulein Gnädig,
Sie haben wallfahrten nicht nötig.«
»O, doch« seufzt nun das Jüngferlein,
»Die Buße gilt, es trügt der Schein.
Ich falle in die Häuser ein
Und hole Geld, da hilft kein Schrei'n.
Ich klopf' die allerletzte Mark
Aus Ihnen. Herrgott bin ich stark!
Und wenn ich nichts bekomm', o Graus!
Schimpf ich und hasse dieses Haus
Und richte bös die Leute aus.«
»Herrje!«, meint nun die Rotdraut, »ach,
Welch Sünden gibt's, da bin ich baff!«

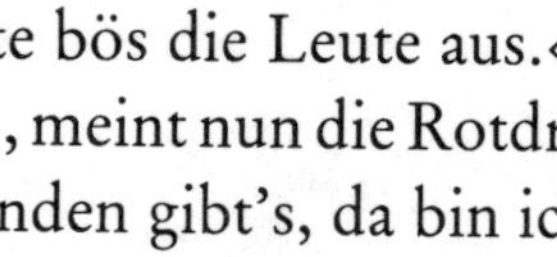

Die Mitternacht ist mild und stad.
Wer wandelt da auf Pilgers Pfad?
Es ist ein altgedienter Rat.
Ein Stadtrat einer kleinen Stadt.
Aus Kelheim an der Donau blau.
Was zieht der ab für eine Schau?
Der wendet sich und ächzt und stöhnt.
Er häufig an dem Gave lehnt.
Zuhaus' hat Theres' ihn entwöhnt
Von Fett und Bier, er lebt Diät.
Nun er sehr arg in Nöten steht.
Franzosen halten was vom Schlemmen.
Zeig Mut, versuch' Dich umzug'wöh-
nen.
Wirst seh'n, am Ende dieser Tage
Hat Gott erlöst Dich von der Plage.
Du kehrst zurück zur Donau blau
Und auch zu Deiner lieben Frau.
Gott hilft und sag, ER würde raten:
»Greif' wieder zu 'nem g'scheiten Bra-
ten.«

Wer nimmt die Treppen auf einmal?
Der Anderl, der von Reichenhall.
Der hat's sehr nötig, dieser Knabe.
Er ist ein kohlenschwarzer Rabe.
Ein Schwungbursch, flott und hartgesotten.
Die Art – normal nicht auszurotten.
Doch hier – er flinke aufwärtsstrebt!
Halleluja! Es hilft's Gebet!

Beim Berger z'Roding sind's nicht arm.
Sie b'sitzen eine Hühnerfarm.
Doch in der allerletzten Zeit –
Das ging der Bergerin zu weit –
Da fehlten d'Eier ganze Massen.
Wer mag denn hier so schändlich prassen?
Doch sonntags hat's sich rausgestellt,
Sie ist schon schlecht die heut'ge Welt.
Der Sohn, der rumstudiert im Land
Hat noch nen Job – ist Demonstrant.
Und dieser Zwerg, der brauchte Kohlen.
Hat deshalb Eier frech gestohlen.
Die Bergerin sitzt hier, muß beten,
Daß d'Eier doch nicht alle kleben
An hohlen und an klugen Köpfen.
Der Sohn zurück kehrt zu den Töpfen,
Zum Vaterhaus, zur Hühnerfarm.
Sie seufzt: »O, Herr! Nimm weg den Harm!«

Der Heiner klettert munter weiter
So auf den Sprossen einer Leiter,
Die man sehr schlicht erfolgreich nennt.
Gar heftig seine Seele brennt.
Vor lauter Eifer, es ist wahr,
Macht er sich für das Leben rar.
Er kennt nur Akten, Klammern, Stifte;
Die Sportler schimpft er »arme Wichte«.
Die Muße schiebt er fort sehr weit.
Er hat ja niemals, niemals Zeit.
Sehr plötzlich fängt er's Denken an.
Wie hab' ich meine Zeit vertan?
Mit Ellenbogen, Vorwärtsstreben?
Das ist doch nicht das ganze Leben.
Ich fang' nochmal von unten an.
Klug, wie er ist, packt er es an
Mit einer Wallfahrt! Sapperlot!
Da freut sich – klar – der liebe Gott.

Aus Kötzing kommt Frau Dora Rabens,
Die Mutter eines munt'ren Knabens.
Er sollte machen Abitur.
Doch frug sie sich: »Wie soll er nur?
Er ist so faul, liebt nur die Mädchen.
Und das in uns'rem kleinen Städtchen.«
Sie ist sehr unglücklich, die Brave.
Deshalb sie walzte an den Gave.
Andächtig steht sie an der Grotte.
Ein groß' Anliegen – kein' Marotte.
Sie ruft: »Maria, hilf dem Kind!
Doch hilf sofort und hilf geschwind!
Schau mich doch an! Ich bin schon alt.
Schick' Deine Hilf' zum Bayernwald!«

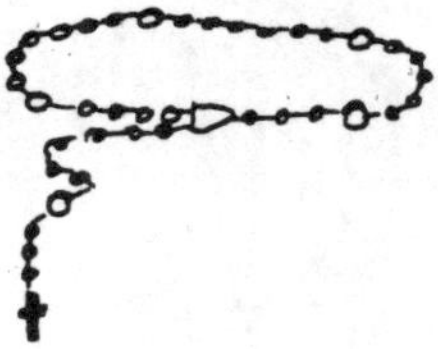

60%

Da gibt's ne' hübsche, kleine Stadt
In Niederbayern – Matteladt.
Sehr gute und auch böse Geister
Steht vor, regiert Herr Bürgermeister
Antonius-Gerd Lobesam,
Gebürtig in Markt-Altenthann.
Er ist ein exquisiter Kopf,
Geziert mit einem mächt'gen Kropf.
Doch fromm und lauter, konsequent
Faltet er immer seine Händ'
Und singet laut wie eine »band.«
»Für d'nächste Wahl sechzig Prozent.«

Ein Witwer von der Allianz,
Der ist so allweil auf der Stanz.
Seit Rosalie an Himmelspforten,
Reist faul er nicht von Ort zu Orten.
Bis d'Alt' sehr bös im Traum erscheint.
Da hat er bitterlich geweint
Und fest versprochen laut und leise:
»Ne Wallfahrt ist die nächste Reise.«

Die Huber Rosi lebt im Zwist.
Ihr Mann ist leider Atheist.
Ansonsten brav, ein großer Bauer.
Sie Frauenvorstand und stocksauer.
Sie hat sich schwer hineingesteigert
Und sich dem Alten dann verweigert.
Sie sprach modern: »Ich bin frustriert.«
Hat ihn altmodisch schikaniert.
Er würde sie am liebsten lynchen.
Dann fahr'n sie aber doch nach München
Zu einer Eh'beraterei.
Die Dame spricht: »Eh ganz entzwei,
Müßt Ihr wohl beide sehr weit fort.
An einen Pyrenäenort.«
Der Bauer nickt, die Rosi blickt und
 denkt:
»O mei, O mei, Du dummer Bauer
Wir Frommen sind doch zehnmal
 schlauer.
Das weißt Du nicht, Du blöder Mensch.
Der Ratschlag kommt von Freundin
 Hensch.«

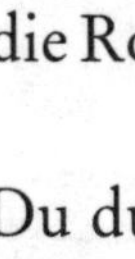

Da sitzt die fromme Jungfrau Lene,
Die Nase spitz und dürr die »Beene.«
Sie kneift die Augen und blickt bös
Zu ihrem Bruder, Pfarrer Lös.
Der Gute lehnt mit roter Nas
Und spricht dem Roten zu, fürbaß.
Und neben ihm, in bunten Reih'n,
Sitzen die Pilgermägdelein.
O, Pfarrer, heute kannst Du lachen,
Doch morgen früh, da wird es krachen!

Zwei Zentner lebendes Gewicht
Fliegt ein, samt ihrer schlimmen Gicht,
Die Schweiger-Mutter aus Nesthausen.
Wie tun ihr nur die Ohren sausen.
Ihr ist sehr schlecht die ganze Zeit.
Das Essen macht ihr auch kein Freud'.
Die Vorspeis' nicht, der rote Wein,
Die Suppe, Fleisch, Eis hintendrein.
»Die fremde Küch', fürwahr, fürwahr
Die möcht' ich nicht das ganze Jahr,«
Meint sie und senket ihren Blick.
»Die Gicht, die nehm' ich wieder mit.«

PLAYBOY

Moritz und seine Frau Klothilde
G'hörn an der edlen Künstlergilde
Von München-Schwabing. O, wie fein!
Jedoch er malt nicht 's Jesulein.
Er pinselt gerne Frauenakte
Und schließt dabei auch noch Kontrakte,
Wobei Klothilde ihn ertappte,
Den tücht'gen Meister streng erpackte.
Schrie schrill: »Dir helf' ich für Dein Kosen.
Weg mit den Frau'n! Mal rote Rosen!«
Und buchte hektisch, wild entschlossen
Den Pilger-Flug zu den Franzosen.
Seitdem malt er nur rote Rosen.

Die Wirtin Ketzler aus Neuhaus,
Die hat wohl Kummer viel im Haus.
Nen Hippi, Guru und Saufaus.
Sie weiß bald nicht mehr ein noch aus
Und wünscht sie wär 'ne Kirchenmaus,
Ganz klein und grau in einer Ecke.
Nun aber wagt sie diese Strecke
Von Oberbayern weit nach Frankreich.
Ihr Bitten wohl 'nen Stein erweich!
»Mein Unheil gießt wie aus ein' Kübel.
Bittschön, heil' meiner Dreien Übel.«
Sie wird auch ruhig von Stund' zu
Stund'.
Auch ihr gibt Trost der Mutter Mund.

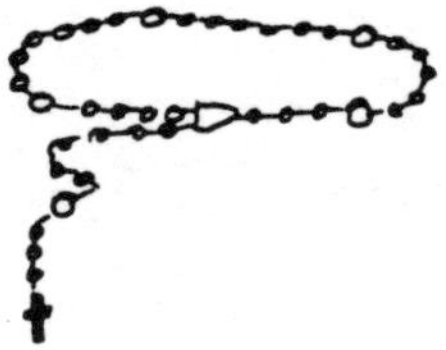

Pater Eustachius aus Schäftlarn,
Der läuft meist immer hinten dran.
Nun er ist auch kein junger Stenz;
Er zählt bereits schon siebzig Lenz.
Für ihn die erste große Reise.
Sein Kreuz löst er auf seine Weise.
Vom Reisefieber toll besessen,
Hat er die Hälft' der Wäsch' vergessen.
Ihm kommt sofort 'ne gut' Idee.
Er wäscht die Höschen im »Bidet.«

Sebastian Mathias Pferd,
Er war noch keine Todsünd' wert.
Enorm gescheit und hochgelehrt,
Ähnelt er tatsächlich dem Pferd.
Doch in der süßen, frühen Jugend,
Da wackelte selbst seine Tugend.
Die Zimmerwirtin Lola Reisen,
Die wollt' ihn allzugern verspeisen.
Doch Donnerwetter, er blieb stark!
Das stärkt ihm heute noch das Mark!
Ich g'hör belohnt, glaubt er sehr keck
Und will was b'sond'res gleich vom
Fleck.
Nun bleib' am Teppich, schau in Spiegel!
Kehr heim, und freie Fräulein Flügel.

»Voilá, mon Dieu«, und »c'est la vie!«
Sie säuft, ist mit von der Partie!
Sie meint es ernst, 's ist wahr, 's ist wahr.
Sie wär' gern trocken, Tag und Jahr.
Klammheimlich sie ein Schnäpschen
  zwickt.
Das Bier, der Wein ihr auch sehr liegt.
Das Leben grausam mit ihr spielt.
Die Lieb' niemals auf sie gezielt.
Die Einsamkeit, die große Last,
Ihr schrecklich an die Seele faßt.
Sie leidet sehr und weint auch leise.
»Sei nicht verzagt, Gott hilft sehr weise!
Wenn Du vertraust, zeigt er den Weg.
Ist's keine Straße, ist's ein Steg!«

Die Schneiderin aus Hohenstaufen,
Die würd' sich gern vom Himmel kau-
fen
So einen feschen Pfarrerssohn.
Sie sieht sich als die Mutter schon,
Die herrscht und kocht und dirigiert.
Die ganz' Gemeinde fest pariert.
Das wär schon was – »Sapparament.«
Drei Söhne hat der Herrgott g'schenkt.
Der Lois war schon im Seminar,
Doch ein Schlawiner ganz und gar.
Er sieht so gern die Weiberröck,
Die Schneiderin die Kerzenstöck'.
Sie opfert, betet, stiftet Geld
Und Kerzen brennen auf der Welt,
In Lourdes, Altötting, Fatima,
Doch plötzlich – war ein Enkel da.
Sehr unfromm hat's gedacht die Gut'.
Jetzt – steigt mir alles sehr am Hut!

Die Mirzl hat ein schweres Schicksal.
Sie hatte einen Sündenreinfall.
Es war nicht nur ein Sündelein,
Nein, auch ein Reinfall obendrein.
»Ach Mutter Gottes,« stöhnt sie laut,
»Ich bin schon eine arme Haut!
Der schlimme Glasermeister Willing
Hat mir jetzt angehängt die Zwilling.
Das sagt der alte Doktor Wicher.
Er ist sich absolute sicher.
Ich bin ganz fertig, fix und gar.
Der Glaser macht sich auch noch rar.
Ich bitte Dich, schon ganz verzwirrt:
So gib doch, daß der Doktor irrt.«

Der Edle Kuno Ehrenstein.
Sehr fürnehm setzt er Bein für Bein
Und stelzt sehr andachtsvoll einher.
Der Reichtum plagt ihn nimmermehr,
Jedoch das Zipperlein somehr.
Ja, ja, wenn alt und morsch die Knochen,
Dann alle an den Himmel pochen.

Früher war er ein Luftikus,
Doch heut' ist er Herr Syndikus.
Er lebte flott, sang: »Trallalla,«
Doch plötzlich – war die Gnade da.
Sie überschwemmte ihn mit Kraft,
Gab Frömmigkeit und nahm den Saft.
Nun schreitet er mit heil'gem Blick
Und blicket nicht im Zorn zurück.
Er hat ein selten Glück, der Wicht;
Ein Glück, das nicht ein jeden trifft:
Wie kann ein Leben bunter sein?
Zuerst die Sünd' und dann der Schein.
Es wär unendlich schlimm und schwer,
Wenn's umgekehrt gewesen wär'.

Ludwig aus Amberg von der Grieb,
Der – der war wohl ein richt'ger Dieb,
Ein Wilddieb aus der Oberpfalz,
Der schoß das Wild frech in der Balz.
Er bullerte sehr wild herum,
Man wußte es, doch er nicht dumm,
Zog seinen Kopf aus jeder Schlinge,
Die er gelegt, doch bringe
Es ihm keinen Segen, sagt Pater Emmeram verdrossen:
»Mein Freund, jetzt wird nicht mehr geschossen,
Sonst fährst Du in die Höll' hinab,
Sofort wenn man Dich legt in's Grab.«
Dem Ludwig kam das nackte Grausen.
Wer will schon in die Hölle sausen?
Er gab' sich einen inn'ren Ruck,
Warf weg das G'wehr, bat Nepomuk,
Den zahmen Vetter von der Leiten,
Er sollt' zur Wallfahrt ihn begleiten.
Noch immer tut's ihn mächtig drucken
Und seine Finger rucken, zucken,
Wenn er an Wild und Stutzen denkt,
Doch jetzt wird er wohl abgelenkt.
Geb' Gott, daß guter Vorsatz hält.
Der Weg nach oben manchen quält.
Nicht schön ist Tugend, leicht das Laster.
Gut' Vorsatz ist ein hartes Pflaster.

Ein lieb' Gebet zum Himmel dringt,
Das alle Eng'lein freudig stimmt.
»O guter Gott, ich danke Dir,
Hast geb'm mir Fried' so für und für,
Und mich verzaustes Findelkind
Ang'nommen und erbarmt Dich
g'schwind.
Es geht mir gut, mußt' niemals leiden.
Ich war gehalten bei den beiden,
Den Wirtsleut' droben, hoch in Weiden,
Als Hausl, Schankbursch, Kellner,
Koch,
Und freuen möcht' mich's Leben noch.
Für ein' wie mich, da gibt's kein Grausl.
Ich dank' Dir schön, Dein Wast, der
Hausl.

Tiefbetrübt mit Hängeohren,
Voller Reue – ausgegoren,
Trägt der Rentner Beugesam
Seine Schuld und seinen Gram.
All sein Gift und seine Sünden
In den Grottengang, ganz hinten,
Wo die Sonne Gottes scheint,
Wo man lacht und wo man weint.
Er hat eine schwere Schuld,
Hat er doch voll Ungeduld
Seiner Vevi, hoch im Zorn,
Eine Flasche, voll mit Korn,
Auf den Kopf hinaufgehievt.
Sie nun sehr im Argen liegt.
Aber Gott wird es verstehn.
Er liegt 50 Jahr in Weh'n.
Ohne Komma, ohne Punkt,
Tratscht sie mächtig, plappert »Stunk«.
Armer Mann und arme Frau.
Er geht büßen, sie keucht: »Au!«

LOURDES
BREVIER

Die reiche Jungfer Emmerenze,
Sie zählt bereits die fünzig Lenze.
Obwohl viel Geld, doch gar nicht schön.
Das ist ihr wahrlich anzuseh'n.
Sie hätt' zu gern 'nen strammen Mann,
Und sagt zu sich: »Jetzt geh' ich ran.«
Dann reist sie weit im Land herum
Mit Bargeld, Scheck. – Sie ist nicht
dumm.
Sie sah Paris, Rom, und auch Wien.
Doch nirgends steckt' ein Männlein drin.
Ihr letzter Vorstoß, das ist Lourdes!
Und stellt Euch vor, sie trifft hier Kurt.
Kurt Riegelsam aus Ottobeuren.
In Bälde wird sie Hochzeit feiern.

Ein feiner Herr geht in der Gruppe.
Welch' Haar schwimmt denn in seiner
Suppe?
Er ist aus Dingolfing, o jeh!
Ein Aufsichtsrat von BMW.
Zu Hause hat er eine Frau,
Die nimmt die Treue nicht genau.
Sie schnappt Chaufeur, samt BMW.
Und fuhr nicht mal nach »Ninive.«
Sie wechselte nur schlicht im Haus
Die beiden propren Männer aus.
Der Eig'ne eilet immer fort
Mit Flugzeug, einmal hier, mal dort.
Der Fahrer und das schmucke Weib,
Die hatten viel zuviel an Zeit.
Nun muß Herr Rat die Zeit sich nehmen
Und demütig zum Herrgott rennen.
Doch im Gebete kommt die Kraft.
Der Herr erleuchtet ihn mit Macht.
Und das ist wahr – sind keine »Pfländz:«
Der Fahrer kam zu »Daimler-Benz.«

Aloisius, der Totenmann,
Hängt sich an jede Wallfahrt an.
»Der geht uns ab«, sagt Krämers Trine.
»Ja, ja,« meint ihre Tant'Gesine.
»Der soll doch bleiben bei den Leichen;
Er kann ja eh nichts mehr erreichen.
Sein Lack ist ab, die Leber sauer;
Das Domizil die Friedhofsmauer.
Mir graust schon heut', wenn ich dran
denk',
Daß ich ihm fall' in seine Händ'.
Geh, bete Trine, sag's dem Chef,
Daß er den da vor mir hol'n möcht'.«

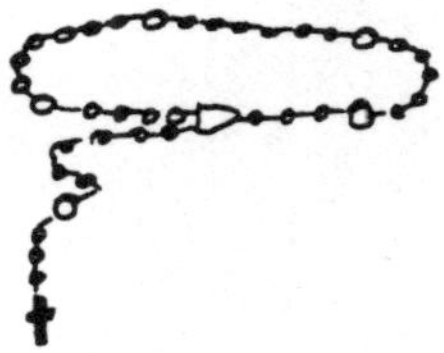

Vor ihm sie alle schleichen, weichen.
Er kann sie niemals froh erreichen.
Schaut g'mütlich aus, ist ziemlich dick,
Besitzer einer Sargfabrik.
Er ist ein ganz gewitzter Tropf,
Hat einen g'schäftlich klugen Kopf.
Sabbert sehr frömmlich und dankt Gott.
Ohn' Risiko, sein Job, ohn' Not.

Er lebt sehr lose in Gaistell.
Emanuel, ein Junggesell.
Doch plötzlich klickt's in seiner Nuß,
»Augustinus – Augustinus – Augusti-
nus.«
Er drehte sich um hundert Grad
Und wandelt nun des Tugends Pfad.
Reist froh umher in heil'gen Stätten,
Obwohl die Freunde ihn derblecken.
O Gnad', O Gnad', wie wunderbar.
Du gibst die Glatz', Du nimmst das
Haar.
Du wandelst die Frivolität
In Himmels-, Himmelsqualität.

Ein braves Männlein hampelt d'rein.
Hirte von munt'ren Schäfelein,
Von sanften, netten, lieben Tieren
Viel besser als manch' Mensch zu führen.
Deshalb wird er beneid' von Wels,
Dem Herrn Pastor von Mitterfels.

Der Stapfer, Mälcher und der Hammer,
Die drei sind bei der Handwerkskam-
mer.
Sie geh'n zusammen, das ist gut,
Denn nicht erträglich ihr Disput.
Anstatt zu beten – ungeheuer,
Sie jammern, stöhnen über Steuer.
Und bei der großen Kerzenstiftung,
Da wollten sie gleich eine Quittung.
Der Meßner schimpft: »Non, non Mes-
sieurs.
Zischt ab, und kommt nicht wieder her.«
Zum Glück versteh'n sie nichts im Land.
Sehr züchtig heben sie die Hand:
»O Mutter, Du bist viel, viel stärker.
Du liebst besonders die Handwerker.
Uns geht es nicht um eitlen Tand.
Erbarm' Dich über'n Mittelstand.«

UMLEITUNG

Agnes schleift mit den wilden Dieter.
Er ist Friseur und Drachenflieger.
Wenn werktags Trinkgeld viel erhalten,
Ist er des Sonntags nie zu halten.
Schwingt auf sich in die höchsten Höh'n,
Anstatt zum lieben Gott zu geh'n.
Die Agnes lebt in schweren Ängsten.
Um Leib und Seel' ist ihr am Bängsten,
Wenn er am Feiertage gaukelt.
Jetzt hat sie ihn so weit geschaukelt,
Daß er gelobt in Zukunft dann,
Die Kirchen schaut von innen an.

»Bon jour«, sagt Monsieur Lamotte.
Zur Rosalinde an der Grotte.
Sie haucht sehr leis: »Silentium!«
Und denkt: »Der wäre gar nicht dumm!«
Sie sieht so gern den Mann, die Hosen.
Ihr Lächeln gilt jetzt dem Franzosen.
Nach einem innigen Gebet
Er immer noch zur Seite steht.
Es gibt nichts, was's nicht gibt im Leben.
Die Liebe geht auf selt'nen Wegen.

Der Maxl kommt aus Grafenau
Er lächelt pfiffig und sehr schlau.
Was macht ihn denn so leicht und froh?
Es ist's Gebet und der Pernod.

Ein feiner, sanfter Herr geht mit.
Auch dieser nennt sich Jesuit.
Der ist sehr ruhig, sehr gefaßt.
Sehr heiter, lieb – scheint ohne Last.
Viel' Güte strahlt. Ist das Vollendung?
Bei ihm fürwahr – glaubt man an Sendung.

Ein Singen, Trillern, Jubilieren
Kann man aus ihrer Kehle hör'n.
Sehr drall, fesch proper, superfein,
Die Sennerin von Sankt Marein,
Nicht nur in holden Bergeshöh'n.
Sie läßt sich auch beim Bußgang seh'n.
Nach alter Sitt' und altem Brauch,
Denn auf der Alm gibt's Sünden auch.

»Ja da, schau'g her, ja mich hast g'haut.«
Der eine ist kein' arme Haut.
Der and're hier, der Steffler Wini,
Der fährt sogar 'nen Lamborghini.
Die zwei, die schleichen leis' auf Sohlen.
Der Teufel würd' sie sicher holen.
Wenn sie jetzt nicht zuallerletzt
Sich hätten in das Flugzeug g'setzt.
Sie haben sich sehr stark besonnen
Und sind dem Laster wild entronnen.
Die zwei, »o mei«, sind keine Ländler.
Ein Zuhälter, ein Waffenhändler.
Das sind Berufe, meiner Seel,
Die zielen akkurat auf d'Höll.
Doch diese pilgern, fasten, beten,
Woll'n d'Seele flicken, säubern, löten.
Die Umkehr winkt – ein Kampf unsäg-
lich.
Jedoch bei Gott ist alles möglich!

Sie rutschen da in Hemd und Socken;
Fürwahr das sind genau die Brocken,
Die man erwartet just da oben.
Die Sünder, die es lohnt zu loben,
wo jauchzet man und juchzt, schalmeit,
Sehr kräftig bläst und benedeit.
Manchmal denk' ich, es ist sehr schlecht,
wenn ich hier leb', brav und gerecht.
Kein Engel sich nach mir umblickt',
Wenn ich das Zeitlich' hab' gezwickt.
Jedoch, wie g'sagt, es jodelt, blendt,
Wenn schnell ein Sünder sich gewendt'.

Nun ja, ich denk' und sag' es leise,
Die Liebe Gottes ist sehr weise.
Ist stark, versöhnlich und sehr weit.
Nur sie ist letzte Ewigkeit.

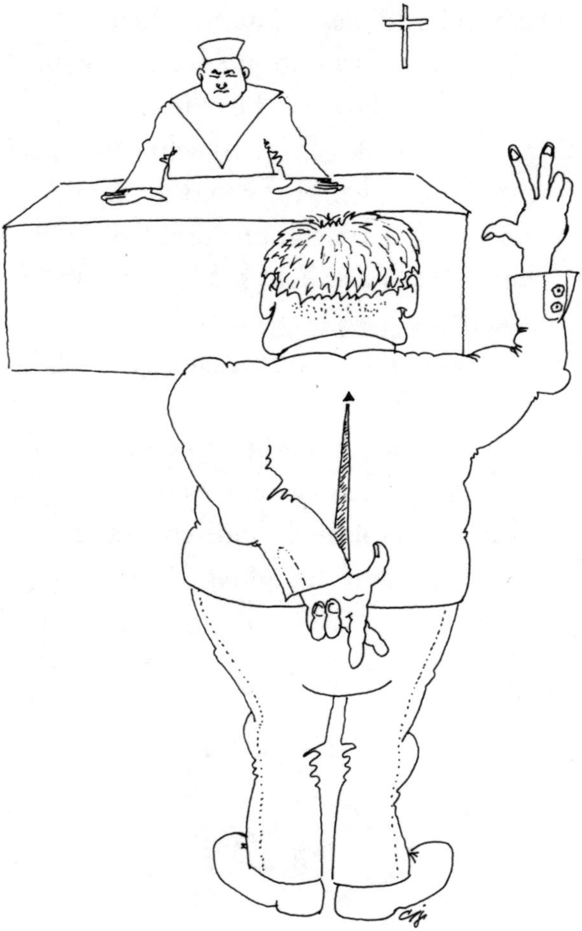

Sebastian, s'ist keine Lüg',
Ein großes Schlitzohr aus Bernried.
Er hat bestimmt auf dieser Welt
Sein Heilig-Wachstum eingestellt.
Wie kann ein Mensch je heilig werden
Als Viehhändler auf dieser Erden?
Auch bei der Heil'gen Litanei
War niemals einer je dabei.
Mit viel Geschick, dem Griff, dem schnellen,
Holt Küh', Pferd, d'Säu' er aus den Ställen.
Da gab's dann eine dumme G'schicht,
Die brachte ihn vor's weltlich' G'richt.
Er hat sich wieder 'rausgewunden.
Jedoch sein »Image« war zerschunden.
Vielleicht, gewiß – es könnte sein,
Zeigt er sich neu in Pilger's Reih'n.

Er sucht' und sucht' und sucht' und sucht:
Deshalb er diese Reis' gebucht.
Das Leben freut ihn gar nicht mehr.
Von Nürnberg kam nach Lourdes er her,
Um zu ergründen einen Sinn.
»Ist denn für mich gar nichts mehr drin?
Der Frauen Lieb' hab' ich genossen.
Auch Geld, Erfolg ist rasch geflossen.
Und trotzdem nagt ein Wurm in mir.
Sehr oft steh' ich an meiner Tür
Und bin nicht glücklich, weiß kein Rat.
Dies hier ist meine letzte Tat.
Verzweifelt suche Sinn und Werte
Und bin sehr froh; ein klein' Offerte
Hat mir gezeigt: Es gibt noch mehr.
Es blüht in mir – ich bin nicht leer.«

Hallo, der Knabe kommt aus Rott.
Der weiß sehr viel vom lieben Gott.
Er ist sehr klug, der junge Mann,
Doch ob man Gott studieren kann?
Er denkt und späht ganz scharf nach
Rom.
Kein Wunder, er trägt das Diplom
Der Theologen in der Tasche.
Er ist auch wirklich keine Flasche.
Doch wenn er glaubt, er kann beweisen,
Dann soll er ruhig weiterreisen.
Denn dann ist er hier fehl am Ort.
Ist Klugheit denn des Glaubens Mord?
Nein, beid' in letzter Konsequenz,
Bedeuten hohe Existenz.
Und somit, lieber Knab' aus Rott,
Bleib' hier mit uns beim lieben Gott.

Herr Amadeus motzt nicht faul,
Wenn man ihn schimpft ein Lügenmaul.
Wobei, das sei hier angestimmt,
Er's mit der Wahrheit nicht g'nau
nimmt.
Er nennt sich Schreiber – Journalist.
Und hat verzapft so manchen Mist.
Jetzt hat man hier ihn engagiert,
Daß er verkündt mit laut'rer Würd'
Den Ablauf einer frommen Reise.
Er übertreibt auf seine Weise.
Du lieber Himmel, ist's zu fassen,
Er kann und kann es halt nicht lassen!

Da ist auch eine Dichterin.
Die hat niemals was G'scheits im Sinn.
Von ihr stammt diese wilde Mär.
Dafür blüht ihr das Fegfeuer.

Amen

P.S.
Vielleicht ich mich im Ton vergriffen.
Hab' mich sehr leis in d'Leut geschli-
chen.
Doch ich sag's nochmal: Es ist wahr!
Für mich ist alles sonnenklar.
Ich stehe hinter jedem Wort,
Obwohl manch' Wort bedeutet Mord.
Sag halt sehr ehrlich, wie ich's seh'.
Und hoff', daß d'Welt bald besser steh'.
Mit Gottes Hilf' die Liebe klinge.
Der Frieden bald die Welt umschlinge.
Wird es uns jemals je gelingen?
Gebet und Umkehr kann es bringen!

Abzischen	= schnelles Verschwinden
Amsel	= rechtschaffene, etwas naive Frauensperson
angieren	= unanständig auf Frauen schielen (typisch männlich-negative Eigenschaft)
Arme Haut	= unverschuldetes, degradiertes, menschliches Wesen
Armer Spund	= armseliges männliches Wesen
anschienen	= massives, frontales Festhalten, (rein weiblich-negative Eigenschaft)
Beiserl	= gemütliche Wirtschaft oder Einkehr
bibbernd	= hochgradig nervös
brabbeln	= unentwegtes vor sich hinreden
Brocken	= Wortstücke, die hingeworfen werden
bullern	= heftig schießen
derblecken	= garstiges lächerlich machen
dösig	= entsetzlich langweilig
drall	= berstend, weiblich
ducken	= demütig sich dem Boden nähernd
dürftig	= kleinkariert, schmächtig
Faxen	= wirrer Unsinn
faustdick	= geballt
fegen	= temperamentvolles Nörgeln
feist	= kernig, fleischig
Fetzenrausch	= Rausch in höchster Potenz
flachsen	= Blödsinn ausmalen
Flachsen	= zähes, fleischliches Gebilde
fleddern	= konzentriertes, eigenwilliges, rhetorisches Gewäsch.
flennen	= ergiebiges Weinen
Fretter	= Habenichts
fuchteln	= kräftiges Bewegen, wildes Herumdeuten.
es stinkt, oder hat gestunken	= berechtigte Wut haben
Gent	= veramerikanisierter, bayerischer Superman
Gift	= bayrisch-konzentrierter Groll
Götz von Berlichingen	= bekannter, eindeutiger, treffsicherer Ausdruck
grapschen	= mit zwei Händen nach etwas fassen
Grausl	= Grausen verniedlicht
Grattler	= verzinkter, dubioser männlicher Mensch
Gscherr	= fürchterliches Durcheinander
Donnerlott	= lärmender Brausekopf
hapfen	= mühseliges Schreiten
hausbacken	= schwerfällig, einfältig, aber gar gebacken
hausgselcht	= schwerfällig, einfältig, aber gar gesotten
Hausl	= Hausdiener, »männliches Mädchen für alles«
Harm	= konzentrierte Sorge
hinaufhieven	= gezieltes Hinaufheben
Hintern	= unterstes Körperteil

ins Haus schneien	= plötzliches, gezieltes Eindringen
japsen	= während des Luftholens, Töne von sich geben
jaulen	= schmerzlich, verzerrtes Aufschreien
jodeln	= melodiöse, hohe Töne von sich geben
kippen	= Flüssigkeit rasch hinunterstürzen
klicken	= einen Verschluß schnell, hörbar betätigen
Kohlen	= das Geld schlechthin
kontern	= dagegen reden
Lack ist ab	= klägliches Überbleibsel
leiern	= immerwährendes Geschwätz von sich geben
Marsch blasen	= gezieltes Richtung weisen
Maß	= ein Liter (Assoziation mit 1 Krug Bier)
merde	= französisch (wird nicht gerne übersetzt)
mies	= verbogen, schlecht
motzen	= fades herummeckern
Mucken	= egozentrische, ausgeprägte Angewohnheiten
Marotte	= diffuse Einbildung
mitzappeln	= unorthodoxes Bewegen in einer Gruppe
nicht lumpen lassen	= großzügig sein
nörgeln	= penetrantes Gequängel
Nuß	= oberstes Drittel, sehr wertvoller Gehirnteil
Öding	= Altötting
Pantscherl	= Liason oder schlampiges Verhältnis
pampig	= unausgegoren, bissig
Papp	= dicke, unbewegliche Masse
Pflänz	= vorgegaukelte Tatsachen
plappern	= seichtes Geplänkel
pfiffig	= durchtrieben, lustig
proper	= sehr sauber
Quatschen	= Unsinn reden
Ramma damma	= Räumen tun wir, Auf lasset uns entrümpeln!
Raster	= hockender, ruhender Mensch
rauschig	= total, aufgefüllter, alkoholischer Zustand
röhren	= weinen
Röster	= Grillinstrument
sabbern	= salbungsvoll, geifernd reden
Säu	= Mehrzahl von 1 Schwein
Scheiben	= mächtiges Hinterteil einer bayerischen Frauensperson
schmusen	= zärtliches Hautberühren
schmuck	= fesch
schlurfen	= schusterfreundliches Gehen
Schmuserei	= Kosen
schnappen	= schnelles Zugreifen
schnuklig	= herzig, köstlich
schwabblig	= schwammig, fett
Schwank	= heiteres zur Schau stellen
Schwungbursch	= Stenz, halbseidenes Mannsgebilde
schlürfen	= geräuschvolles Trinken

Specht	= Geradliniges, aber pentrantes, männliches Individuum
Stanz	= häufiges von zu Hause weg sein
stelzen	= steifes, abruptes Gehen
Stenz	= Bayerischer Playboy
stur	= hartnäckig
stapfen	= kräftiges Gehen
Stunk	= gewaltiger Unsinn
turteln	= liebevoll werben
watscheln	= plattfüßiges Gehen
zuckrig	= äußerst süß